AF278660

(Conserver la couverture

# La Lanterne

PAR

★... (Henri Rochefort

## AUX ÉLECTEURS

### DE LA PREMIÈRE CIRCONSCRIPTION DE LYON

---

## Prix: 10 centimes

---

LYON

IMPRIMERIE TYPOGRAPHIQUE H. ALBERT

6, *quai de la Guillotière, 6*

1880

# Au Comité de l'Alliance républicaine

Genève, 16 mai 1880.

Bien chers citoyens,

On n'hérite pas de ceux qu'on assassine, dit un axiôme de droit. Nos hommes d'E- tat entendent autrement la morale. Pen- dant dix-huit ans d'empire ils nous ont regardé, les bras croisés, lutter, souffrir, donner notre liberté, risquer notre vie pour l'établissement de la République, et lorsque après des efforts acharnés, nous avons pu enfin la saluer cette République

à laquelle nous avions sacrifié santé, repos, fortune, jeunesse, les parasites se
sont jetés dessus et ceux qui suaient la
peur sous les casse-têtes impériaux se
sont impudemment écriés :

« La République, elle est à nous qui
n'avons rien fait pour elle. Quant à vous
qui l'avez fondée, nous avons un moyen
de vous empêcher de nous en disputer la
possession, c'est de vous envoyer aux
confins du monde, à fond de cale d'un navire ou dans les cellules des maisons centrales. Nous vous assassinons et nous héritons de vous ».

Telles sont la loyauté et la justice dont
on a usé à l'égard du citoyen Blanqui. On
l'a saisi encore tout sanglant des trente
années de combats qu'il avait déjà livrés
pour l'idée républicaine, et les Ferry, les
Jules Favre, les Jules Simon, les Andrieux, les Freycinet l'ont plongé pour
huit ans encore dans les casemates de
Clairvaux, afin de le dépouiller plus facilement des fruits de sa victoire.

Il a fallu que le suffrage universel, enfin

révolté de tant de cynisme, soufletât les
spoliateurs pour qu'ils se décidassent à
soulever tout honteux, le couvercle du
sépulcre où ils tenaient enfoui depuis
huit ans, celui qu'ils avaient spolié.

Mais ces Macbeths de la bourgeoisie re-
doutaient tellement de voir apparaître le
spectre du Banco-socialiste au milieu de
leurs ébats parlementaires qu'après avoir
inutilement essayé de le tuer comme hom-
me, ils sentent aujourd'hui le besoin de le
tuer comme citoyen en lui retirant ses
droits électoraux.

La mort matérielle à laquelle il a résisté
grâce à son stoïcisme et à son énergie, ils
veulent la remplacer par la mort civile.

Électeurs de la première Circonscription
de Lyon, vous ne laisserez pas perpétrer
ce nouvel assassinat, car à travers la poi-
trine du vieux lutteur Blanqui, c'est le
suffrage universel, c'est vous qu'on at-
teint.

En privant de ses droits civiques le gracié de Clairvaux, le gouvernement vous
prive aussi des vôtres. Le déclarer inéli-

gible c'est déclarer en même temps que vous n'êtes plus électeurs.

Comme l'a si clairement démontré mon ami et co-évadé Olivier Pain dans un article du journal le *Citoyen*, le choix de Blanqui n'était pas seulement le meilleur au point de vue de la revendication de l'Amnistie, il était le seul. Proposer un autre exclu eût été donner de nouveau dans le piège gouvernemental. Nommez soit un forçat, soit un déporté, soit un proscrit et la clémence présidentielle vous répondra :

« Vous voulez que ce forçat sorte du bagne, que ce déporté soit rapatrié, que ce proscrit rentre dans ses foyers, soit ! ».

Et il n'y aurait rien de changé en France, car il n'y aurait qu'un gracié de plus. La candidature de Blanqui déjà gracié, lui, accule nos ennemis à une solution unique : l'Amnistie.

C'est alors que vous arracherez les clefs des prisons et des cachots néo-calédoniens des mains de ces ministres géôliers qui se croient des hommes politiques et

qui ne sont que des hideux gardes-chiourmes. Leur obstination où la férocité le dis-
pute à la bêtise, a déjà donné un résultat.
Depuis le dernier vote de la majorité op-
portuniste contre la proposition d'Amnistie, les journaux ont ressuscité à l'envi le
souvenir des horreurs de la Semaine de
Mai. On a rappelé Galliffet, faisant égor-
ger en route les vieillards et les femmes
trop faibles pour accomplir le voyage de
Versailles à Satory.

On a rappelé M. Jules Ferry disant gaî-
ment aux soldats ivres de sang et d'eau-
de-vie :

« Vous n'en fusillerez jamais assez. ! »

Eh bien! cette Semaine de Mai, elle se
continue par la volonté du même Galliffet et du même Ferry à six mille cinq
cents lieues d'ici, où les soldats du 18 mars
meurent, non sous les coups de baïonnet-
te, mais sous les coups de soleil, non dans
l'éclat de la bataille, mais dans l'isole-
ment, la faim, l'anémie hélas! et la ver-
mine.

Y a-t-il, je ne dis pas dans la première

circonscription mais dans la ville entière
un seul Lyonnais qui désire voir se pro-
longer cette répression sinistre ? non,
n'est-ce pas ? Votez donc tous pour le citoyen Blanqui, car c'est en le faisant en-
trer à la Chambre que vous tirerez de l'en-
fer huit cents de vos compatriotes.

Et cette question de l'Amnistie qui pri-
me actuellement toutes les autres, n'im-
posât-elle pas à tous les hommes de cœur
la candidature du vieux democrate, à mon
avis ce serait encore lui dont le nom de-
vrait dimanche prochain sortir victorieux
de l'urne. Toutes les libertés pour lesquel-
les lui et nous avons travaillé ne sont
elles pas aujourd'hui remises en cause ? La
gauche et l'extrême gauche elle-même en
opérant le sauvetage d'un ministère qui se
noyait, n'a-t-elle pas autorisé la dissolu-
tion par la police des assemblées publi-
ques ? Au salut du droit de réunion, la
Chambre a préféré le salut du ministère
des gardes-chiourmes. N'est-il pas temps,
citoyens, d'opposer à ces opportunistes
ruisselants de graisse et d'embonpoint

l'invincible dévouement d'un ascète étiolé et blanchi au service de la République dans les prisons de la Monarchie?

Sa paleur fera honte à leurs enluminures. Ses yeux creux feront reculer de peur leurs ventres rebondis. Il est nécessaire que le député Blanqui se trouve enfin en présence du président Gambetta, c'est-à-dire le peuple devant le bourgeois, l'éternel exploité face à face avec l'éternel exploiteur.

Recevez, chers concitoyens, mes embrassements fraternels.

Lyon. — Impr. H. Albert, q. de la Guillotière, 6.

www.ingramcontent.com/pod-product-compliance
Lightning Source LLC
Chambersburg PA
CBHW071703030726
47598CB00005B/2208